FUßBALL-FIEBER! DIE COOLSTEN FUßBALLTRICKS FÜR KIDS

30 Fußballtricks
Schritt für Schritt
einfach erklärt

Ein spaßiges Geschenk
inkl. Bonus-Fußballfakten für neugierige Kids

Nicole Ziese

Druck: Amazon Deutschland oder Partner

Der Druck erfolgt in chlorfreier Tinte und das säurefreie Papier für den Innenteil des Buches wird von einem Anbieter mit Forest Stewardship Council-Zertifizierung bezogen. Alle Abfälle, die beim Drucken entstehen und sich im Büroalltag anfallen, werden ordentlich recycelt und verwertet. Zudem werden in der Zukunft weiterhin Prozesse stattfinden, um die Umweltfreundlichkeit zu versichern. Damit verpflichtet sich der Druckpartner Amazon und seine Partner dazu, seinen Teil zum Umweltschutz beizutragen.
Wir haben uns bewusst für den Druck durch Amazon entschieden – denn so werden nur die Bücher angefertigt, die auch benötigt werden. Unser Verlag verzichtet zudem auf überflüssigen Schriftverkehr und wickelt alle Prozesse digital ab. Dies spart Ressourcen und schont die Umwelt!

ISBN: 978-3-911040-22-8

Vorwort

Hallo!

Du spielst gerne Fußball? Du möchtest noch besser werden? Dieses Buch zeigt dir, wie es geht: Hier werden 30 Fußball-Tricks vorgestellt, die jeder Kicker kennen sollte. Mit diesen Tricks wirst du besser im Eins-gegen-Eins und machst es deinen Gegenspielern sehr schwer, dir den Ball abzunehmen. Du lernst, wie du den Ball treffsicher ins Tor bringst. Und du erfährst, wie du deinem Gegenspieler den Ball abnehmen kannst.

Die Tricks sind ausführlich beschrieben. Außerdem erfährst du, in welchen Situationen du sie anwenden

kannst. Die Illustrationen zeigen genau, wie der Trick funktioniert. Und jetzt heißt es: Üben, Üben, Üben. Man sagt nicht umsonst: 10 Prozent Talent, aber 90 Prozent Schweiß. Was das bedeutet? Du trainierst jeden Trick so lange, bis du ihn sicher beherrschst. Damit du deine Fortschritte im Blick hast, findest du in diesem Buch auch ein Erfolgsjournal. Hier trägst du ein, wann, wie oft und mit welchem Erfolg du die Tricks geübt hast.

Neuer, Ronaldo oder Messi? Sicher hast auch du ein Fußball-Idol! In diesem Buch findest du die Spielerprofile von 15 der erfolgreichsten Fußballer aller Zeiten. Außerdem haben wir für dich die wichtigsten Fakten rund um den Fußball zusammengetragen. Ob du aufmerksam gelesen und alles verstanden hast, kannst du mit dem Fußball-Quiz überprüfen. Oder du stellst deine Freunde auf die Probe!

Viel Spaß beim Training!

Hauptteil Fußballtricks

Tricks, Fußball-Fakten und Idole

Trick 1: Der Rückzieher

Sohle & Innenseite

Kategorie: **Dribbling**

Geeignet für: **Anfänger***

Diesen Trick kannst du anwenden, wenn dein Gegenspieler ganz nah vor dir steht. Damit dein gegner dir nicht den Ball abnimmt und dich auch nicht ausbremsen kann, führst du diesen Trick wie hier beschrieben durch:

- Der Ball ist vor dir, also zwischen dir und deinem Gegenspieler.
- Nun ziehst du den Ball mit der Sohle nach hinten, bis er kurz hinter deinem Standbein ist.
- Dann spielst du den ball hinter deinem Standbein entlang.

So kannst du mit Hilfe dieses Tricks einen Richtungswechsel durchführen, ohne dass du Gefahr läufst, dass dein Gegenspieler dir den Ball abnimmt.

Extratipp: Du kannst mit diesem Trick den Ball zu einem Mitspieler passen, wenn du selbst am Gegner nicht vorbeikommst.

Fußball-Fakten

Seit wann gibt es das Fußballspiel?

Fußball ist heute ein Nationalsport: Fast jeder hat schon einmal Fußball gespielt. Fußball wird auf dem Schulhof, am Nachmittag mit Freunden auf der Straße und in Vereinen gespielt. Und natürlich gibt es die Profispiele, die zwischen deutschen Vereinen aber auch zwischen den Vereinen unterschiedlicher Länder ausgetragen werden.

Aber seit wann gibt es Fußball eigentlich? Und wer hat das Spiel erfunden?

Die Antwort auf diese Frage ist ziemlich kniffelig. Denn Fußball scheint die Menschen schon sehr lange und in ganz unterschiedlichen Ländern zu begeistern. Das sind die wichtigsten Fakten zur Geschichte des Fußballs:

- **2.000 Jahre vor Christus in China**: Bereits vor rund 4.000 Jahren wurde ein Spiel in China gespielt, das mit unserem heutigen Fußball verwandt ist. Es hieß „Ts'uh-küh". Als Fußball wurde ein Stück Leder verwendet, das mit Federn und Tierhaaren gefüllt war. Bei dem Spiel ging es sehr ruppig zu. Heute würde man sagen: Foulen gehörte damals zum ganz normalen Spiel dazu. In der Zeit um 600 nach Christus wurde dieses chinesische „Fußballspiel" sogar zu einer Art Volkssport. Allerdings geriet es wenig später in Vergessenheit.

- **Mittelalter in Europa**: In Europa, insbesondere in England, aber auch in Frankreich und Italien, wurde eine Art Fußballspiel zur Zeit des Mittelalters gespielt. Dabei spielten Mannschaften aus zwei Dörfern gegeneinander. Die Stadttore der beiden Dörfer waren die Tore und die Felder dazwischen das Spielfeld. Dieses konnte also mehrere Kilometer lang sein. Bei den Spielen kam es mitunter zu schweren Verletzungen.

- **1846 – Geburtsstunde des modernen Fußballs:** Mit der Zeit wurde das „Fußballspiel“ zwischen den Dorfgemeinschaften in England immer seltener. Dafür entdeckten Privatschulen und Universitäten das Spiel für sich. Dort wurde es genutzt, damit die Schüler und Studenten Sport trieben. 1846 stellte die englische Universität Cambridge die ersten Fußballregeln auf. Ab 1870 durften pro Mannschaft nur noch elf Spieler auf dem Feld sein.

- **1874 – Fußball kommt nach Deutschland:** Ein Lehrer namens Konrad Koch brachte das Fußballspiel nach Deutschland. 1875 veröffentlichte er einen Regelkatalog für den Fußball, der den heutigen Fußball-Regeln sehr ähnlich ist.

Trick 2: Dem Gegner ein Schnippchen schlagen
Der Übersteiger

Kategorie: **Dribbling**

Geeignet für: **Anfänger***

Im Eins-gegen-Eins kannst du deinen Gegenspieler mit diesem Trick abhängen. Du täuschst vor, dass du zur einen Seite laufen möchtest, gehst dann aber zur entgegengesetzten Seite. So verschafft dir dieser Trick einen Vorsprung, da dein Gegenspieler erst auf dein Täuschungsmanöver reagieren muss.

Und so funktioniert der Übersteiger:

- Du läufst mit dem Ball nach vorne.
- Mit deinem schwachen Fuß umkreist du den Ball. So sieht es für deinen Gegenspieler zunächst so aus, als ob du den Ball mit der Außenseite dieses Fußes zur Seite spielen möchtest.
- Dann passiert der Richtungswechsel: Du spielst den Ball mit der Außenseite des starken Fußes zur Seite.
- Wichtig: Damit dieser Trick gelingt, musst du dein Gewicht verlagern, bevor du in die andere Richtung gehst.

Fußball-Idol: Lionel Messi

Geburtstag: 24. Juni 1987

Größe: 1,69 m; seine geringe Größe hätte beinahe verhindert, dass er Fußball-Profi wird; nur dank einer Hormonbehandlung erreichte er überhaupt diese Körpergröße.

Geburtsort: Rosario, Argentinien

Spitzname: La Pulga (der Floh)

Positionen: Stürmer

Besonderheiten: Seine typischen Einzelläufe machen ihn so stark und torgefährlich.

Vereine, für die er gespielt hat: Grandoli FC, Newell's Old Boys, FC Barcelona, Paris Saint-Germain

Größte Erfolge: argentinischer WM-Rekordschütze, Weltfußballer des Jahres, FIFA-Fußballer des Jahres, WM-Rekordspieler

Sein Trick: Körpertäuschungen, extrem durchsetzungsstark im Zweikampf

Trick 3: Der Richtungswechsel
Cruyff-Drehung

Kategorie: **Dribbling**

Geeignet für: **Anfänger***

Mit diesem Trick kannst du mitten im Spiel einen Richtungs-wechsel durchführen. So kannst du zum Beispiel die Richtung wechseln, wenn dir plötzlich ein oder mehrere Gegenspieler den Weg versperren. Und so funktioniert der Trick:

- Du lässt den Ball nach vorne rollen und stellst deinen schwachen Fuß seitlich neben den Ball.
- Dann spielst du den Ball mit der Innenseite deines starken Fußes zwischen deinen Beinen nach hinten & drehst dich.
- Dann kannst du den Ball in die entgegengesetzte Richtung weiterspielen.
- Voraussetzung für das Gelingen dieses Tricks: Du musst deine Knie leicht beugen und den Körper ein drehen, so dass du genug Schwung für den Richtungswechsel hast.

Hintergrund: Der Trick gehörte zu den Moves des erfolgreichen niederländischen Fußballstars Hendrik Johannes „Johan" Cruyff und wurde deshalb nach ihm benannt.

Fußball-Fakten

Was sind die Besonderheiten beim Kinderfußball?

Grundsätzlich geht es beim Kinderfußball natürlich auch darum, dass zwei Mannschaften gegeneinander spielen. Allerdings sind weniger Spieler auf dem meist kleineren Spielfeld; die Spielzeiten sind kürzer, die Tore (manchmal 2 pro Team) sind kleiner. All diese Faktoren sind abhängig davon, in welcher Altersklasse gespielt wird. Und so sind die Spielklassen im Fußball aufgeteilt:

- **G-Jugend: Wird auch U-7 genannt (also Spieler unter 7 Jahren)**
- **F-Jugend: 7 - 8 Jahre**
- **E-Jugend: 9 - 10 Jahre**
- **D-Jugend: 11 - 12 Jahre**
- **C-Jugend: 13 - 14 Jahre**
- **B-Jugend: 15 - 16 Jahre**
- **A-Jugend: 17 - 19 Jahre**

Trick 4: Täuschen und weg

Combination aus Schere und Drehung

Kategorie: **Dribbling**

Geeignet für: **Anfänger***

Dieser Trick ist eine Kombination aus einer Schere und einem Richtungswechsel. Mit diesem Trick kannst du einem nahe vor dir stehenden Gegenspieler entkommen und ihn auch noch frustrieren. Denn wenn du den Trick gut ausführst, rennt dein Gegenspieler in die falsche Richtung, statt dir auf den Fersen zu bleiben. So gehst du bei diesem Trick vor:

- Im Lauf bewegst du deinen Fuß von außen nach innen um den Ball. Statt den Ball zu schießen, setzt du den Fuß nach dem Umkreisen des Balles neben dem Ball ab.
- Jetzt verlagerst du dein Körpergewicht. Das ist die Voraussetzung für den Richtungswechsel. Außerdem lockst du deinen Gegenspieler in die falsche Richtung.
- Jetzt drehst du dich schnell und spielst den Ball mit dem gleichen Fuß, mit dem du diesen zuvor umkreist hast. Es kommt also nicht zu einem Wechsel des Fußes bei diesem Trick – das soll nur der Gegenspieler denken.
- Jetzt kannst du den Ball in die entgegengesetzte Richtung, also von deinem Gegenspieler weg, weiterspielen.

Fußball-Idol: Zlatan Ibrahimovic

Geburtstag: 03. Oktober 1981

Größe: 1,95m

Geburtsort: Malmö, Schweden

Spitzname: Super Zlatan, Ibrakadabra

Positionen: Sturm

Besonderheiten: Große Sprungkraft und ausgeprägte Kopfballpräzision

Vereine, für die er gespielt hat: Malmö FF, Ajax Amsterdam, Juventus Turin, Inter Mailand, FC Barcelona, AC Mailand, Paris Saint-Germain, Manchester Uni-ted, LA Galaxy

Größte Erfolge: 18 x Fußballer des Jahres, FIFA Klub-Weltmeister, 4 x Französischer Meister, 1 x UEFA-Supercup Sieger, 2 x französischer Pokalsieger, 2 x spanischer Superpokalsieger

Sein Trick: Ibras Hacken-Trick

Trick 5: Der Balltreter
Sohle und weiter

Kategorie: **Dribbling**

Geeignet für: **Anfänger***

Dieser Trick ist perfekt geeignet, um den Ball in letzter Sekunde vor dem Gegenspieler zu retten. Dieser Trick funktioniert auch dann noch, wenn der Gegenspieler schon das Bein ausgestreckt hat, um dir den Ball abzunehmen. So funktioniert der Ballretter:

- Statt den Ball nach vorne zu schießen, ziehst du den Ball mit der Sohle zur Seite. Wichtig ist, dass du die Fußsohle nutzt, da du so eine optimale Kontrolle über den Ball hast.
- Dann spielst du den Ball mit der Innenseite des anderen Fußes nach vorne.
- Nun kannst du seitlich am Gegenspieler vorbei weiter geradeaus laufen. Es kommt also bei diesem Trick nicht zu einem Richtungswechsel.

Fußball-Fakten

Was wolltest du über die deutsche Bundesliga wissen?

Die Bundesliga wurde in Deutschland 1963 gegründet. Inzwischen spielen die 18 erfolgreichsten deutschen Vereine in der 1. Bundeliga. Jede Mannschaft spielt zweimal gegen jede andere Mannschaft. Die Spiele werden an 34 Spieltagen ausgetragen. Die Spieltage werden in die Hinrunde und die Rückrunde unterteilt.

Am Ende der Bundesliga-Saison steigen die beiden Mannschaften, die die wenigsten Punkte haben, in die 2. Bundesliga
ab. Dafür dürfen die zwei besten Mannschaften der 2. Bundesliga in der nächsten Saison in der 1. Bundesliga spielen. Am häufigsten hat der FC Bayern München die Meisterschaft gewonnen.

Trick 6: Der Überflieger

Kategorie: **Schussfinte**

Geeignet für: **Nachwuchsspieler****

Diesen Trick kannst du einsetzen, wenn dein Gegenspieler dicht hinter dir steht und du nicht um ihn herum kommst - aber dorthin laufen möchtest. Mit dem Überflieger bekommst du den Ball frei, überraschst deinen Gegenspieler und rettest so den Ball für dich.

- Dein Gegenspieler steht direkt hinter dir – genau dort, wohin du mit dem Ball laufen möchtest.
- Du nimmst den Ball auf den Fußrist, also die Oberseite des Fußes, hoch.
- Dann schießt du den Ball über den Kopf deines Gegenspielers nach hinten.
- Dein Gegenspieler wird so überrascht sein, dass du um diesen herumlaufen kannst und den Ball erreichst.
- Jetzt dribbelst du mit dem Ball in die Richtung, in die du spielen möchtest.

Fußball-Idol: Ronaldo de Assis Moreira (Ronaldinho)

Geburtstag: 21. März 1980

Größe: 1,82m

Geburtsort: Porto Alegra, Brasilien

Spitzname: O Bruxo, Der Zauberer

Positionen: Offensives Mittelfeld, Flügel, Sturm

Besonderheiten: Tempodribbling, sehr torgefährlich, enorme Passgenauigkeit

Vereine, für die er gespielt hat: Gremio Porto Alefre, Paris Saint-Germain, FC Barcelona, AC Mailand, Flamengo Rio de Janeiro, Atletico Mineiro, Queretaro Futbol Club, Fluminense Rio de Janeiro

Größte Erfolge: Weltmeister, 2 x Weltfußballer des Jahres, Europas Fußballer des Jahres

Sein Trick: Irre Dribblings

Trick 7: Tunnel-Trick

Kategorie: **Schussfinte**

Geeignet für: **Anfänger***

Diesen Trick kannst du zum Beispiel einsetzen, wenn du den Ball einem Spieler zupassen möchtest, der hinter einem Gegenspieler steht. Der Gegenspieler wird davon ausgehen, dass du den Ball an ihm vorbei schießt oder dribbelst oder versuchst, über ihn hinweg zu schießen. Daher kann es gut sein, dass dein Gegenspieler breitbeinig steht - und dann kannst du ihn mit dem Tunnel-Trick überlisten.

- Spielsituation: Ein Gegenspieler steht in ein paar Metern Abstand von dir, und du möchtest den Ball an diesem vorbei spielen.
- Dein Gegenspieler steht breitbeinig da.
- Nun schießt du den Ball zwischen den Beinen des Gegenspielers durch.

Hinweis zum Üben: Wichtig ist, dass du beim Üben mehrere Meter Abstand von deinem Gegenspieler hast. Diesen Trick kannst du mit Freunden oder Geschwistern, aber natürlich auch mit den Eltern üben. Zur Not kannst du auch einen Stuhl in den Garten stellen und zwischen den Stuhlbeinen hindurchschießen üben.

Fußball-Idol: Oliver Rolf Kahn

Geburtstag: 15. Juni 1969

Größe: 1,88m

Geburtsort: Karlsruhe, Deutschland

Spitzname: Der Titan

Positionen: Torwart

Besonderheiten: Kapitän der Nationalmannschaft

Vereine, für die er gespielt hat: Karlsruher SC, FC Bayern München

Größte Erfolge: 8 x Deutscher Meister, Weltpokalsieger, Champions-League-Sieger, 3 x IFFHS-Welttorhüter des Jahres

Sein Trick: Innere Haltung, die lautet „Talent, harte Arbeit und eiserner Wille“

Trick 8: 360 Grad
Weltreise mit dem Ball

Kategorie:
Freestyle Tricks

Geeignet für: **Anfänger***

Bei diesem Trick balancierst du den Ball zunächst auf deinem Fußrist, beziehungsweise spielst ihn zwischen dem rechten und dem linken Fußrist hin und her. Dann tust du so, also ob du den Ball nach oben schießt - das jedenfalls soll dein Gegenspieler denken.

- Du jonglierst den Ball auf deinem Fußrist. Das musst du sicher können, bevor du dich an diesen Trick traust.
- Dann wirfst du den Ball mit dem Fuß hoch.
- Sobald der Ball nach oben fliegt, machst du mit dem Fuß eine Bewegung zur Seite und nach oben, so dass du den Fuß einmal komplett um den Ball führen kannst.
- Dann fängst du den Ball wieder mit dem Fußrist auf und hältst ihn dort oder jonglierst gleich weiter.

Fußball-Fakten

Was ist ein Foul und welche Folgen hat es?

Wenn 22 Spieler gleichzeitig auf einem Spielfeld einem einzigen Ball hinterherjagen, dann geht es mitunter etwas rau zu. Es kommt dadurch relativ häufig zu einem Foul. Denn ein Foul ist jedes Verhalten eines Spielers, durch das ein anderer Spieler regelwidrig gestoppt wird. Beispiele für körperliche Fouls sind:

- **Schubsen, Rempeln und Anspringen**
- **Treten und Schlagen**
- **Bein stellen**

Der Spieler, der ein Foul begangen hat, kann mit einer gelben Karte bestraft werden. Hat der Spieler schon eine gelbe Karte, dann kann sogar eine rote Karte die Folge sein. Bei einem harten Foul, also einem besonders schweren Foul, kann der Schiedsrichter sofort die rote Karte zeigen. Das bedeutet: Platzverweis.

Trick 9: Spitze-Hacke-Spitze

Kategorie:
Freestyle Tricks

Geeignet für:
Anfänger mit etwas Übung**

Dieser Trick sieht cool aus, und du kannst deinen Gegenspieler verwirren. Du kannst antäuschen, dass du den Ball nach hinten spielen möchtest. Vielleicht glaubt dein Gegenspieler sogar, dass du den Ball „verlierst“. Wenn du den Trick aber kontrolliert ausführst, hast du sichere Kontrolle über den Ball.

- Du jonglierst den Ball zwischen dem rechten und dem linken Fußrist hin und her.
- Jetzt drehst du die Hüfte weit ein, damit du den Ball einmal mit der Hacke statt mit dem Fußrist jonglieren kannst.
- Konkret bedeutet das: Du spielst den Ball mit dem rechten Fußrist hoch, drehst schnell die rechte Hüfte nach vorne, so dass du den Ball dann mit der linken Hacke hochspielen kannst. Dann drehst du die Hüfte wieder zurück und spielst den Ball nun mit dem rechten Fußrist wieder hoch.
- Danach kannst du normal weiter zwischen rechts und links jonglieren oder losdribbeln.

Fußball-Idol: Diego Armando Maradonna

Geburtstag: 30. Oktober 1960,
verstorben: 25. November 2020

Größe: 1,65m

Geburtsort: Lanus, Argentinien

Spitzname: El Pibe de Oro (Goldjunge), El Pelusa (Das Lockenköpfchen)

Positionen: Offenes Mittelfeld

Besonderheiten: Linksfüßigkeit, geringe Körpergröße und groß Muskelmasse

Vereine, für die er gespielt hat: Boca Juniors, Newell's Old Boys, FC Sevilla, SSC Neapel, FC Barcelona, Argentinos Juniors

Größte Erfolge: Fußball-Weltmeister, UEFA-Cup Sieger,

Sein Trick: Diverse Körpertäuschungen

Trick 10: Spitze-Nacken-Spitze

Kategorie:
Freestyle Tricks

Geeignet für:
Anfänger mit etwas Übung**

Du möchtest deinen Gegenspieler aus dem Konzept bringen? Mit diesem Trick kannst du es so aussehen lassen, als würdest du den Ball über deinen Kopf nach hinten spielen wollen – stimmt aber nicht. In Wirklichkeit fängst du den Ball mit dem Nacken auf und jonglierst dann weiter. Danach kannst du den Ball passen oder selbst weiterdribbeln.

- Jongliere den Ball zwischen dem rechten und dem linken Fußrist hin und her.
- Dann spielst du den Ball etwas höher als sonst.
- Ist der Ball auf Höhe deines Kopfes, dann beugst du den Oberkörper nach vorne.
- Der Ball landet dann auf deinem Nacken.
- Du musst zwischen Nacken und Kopf eine kleine Kuhle bilden, da der Ball sonst einfach herunterrollt. Dabei hältst du den Rücken gerade und die Arme seitlich ausgestreckt – wie Flügel.
- Um den Ball wieder hochzuwerfen, bewegst du deinen Oberkörper nach oben und neigst dabei deinen Kopf nach vorne.

Fußball-Idol: Pelé / Edson Arantes do Nascimento

Geburtstag: 23. Oktober 1940
verstorben: 29. Dezember 2022

Größe: 1,73m

Geburtsort: Tres Coracoes, Brasilien

Spitzname: Pelé ist der Spitzname

Positionen: Stürmer

Besonderheiten: War schon mit 16 Jahren Torschützenkönig; später arbeitete er auch als Sportminister.

Vereine, für die er gespielt hat: FC Santos, New York Cosmos

Größte Erfolge: Weltfußballer des 20. Jahrhunderts, Sportler des Jahrhunderts, Ehrenpreis der FIFA für sein Lebenswerk,
3 x Fußballweltmeister

Sein Trick: mehrere, sowie seine Gabe, vorherzusehen, was der Gegenspieler als nächstes macht

Trick 11: Speedy
Mit Hochgeschwindigkeit ins Tor

Kategorie: **Torschuss**

Geeignet für:
Anfänger mit etwas Übung**

Diesen Trick kannst du anwenden, wenn du einen Ball mit voller Wucht ins Tor schießen möchtest. Der Nachteil dieses Torschuss-Tricks ist seine relativ geringe Zielgenauigkeit. Daher kannst du den Ball nicht punktgenau in eine Ecke platzieren, sondern nur mit voller Wucht auf den „Kasten" zielen. Dafür ist die Geschwindigkeit, die du mit diesem Trick erreichen kannst, umso höher.

- Nimm Anlauf auf das Tor.
- Schieße nun den Ball mit dem Vollspann, also mit der gesamten Oberseite des Fußes.
- Achte darauf, dass du die Fußspitze nicht zu weit hochziehst.
- Ziele möglichst mitten auf das Tor, damit der Ball nicht sein Ziel verfehlt.

Fußball-Fakten

Was versteht man unter Raumdeckung und was unter Manndeckung?

Bei Raumdeckung und Manndeckung geht es um Ansätze, mit deren Hilfe man die gegnerische Mannschaft davon abhält, ein Tor zu schießen.

- **Manndeckung:** Hierbei hat jeder Spieler genau einen Gegenspieler, der in Schach gehalten werden muss. Hier wird auf die Bewegungen des Gegenspielers reagiert. Die Manndeckung ist dann sinnvoll, wenn es in der gegnerischen Mannschaft sehr starke Einzelspieler gibt.
- **Raumdeckung:** Hierbei bilden die Verteidiger eine Art Netz auf dem Spielfeld. Gemeinsam wird versucht, zu verhindern, dass die gegnerische Mannschaft einen Pass in Richtung Tor abgeben kann. Hier geht es darum, das „Netz" möglichst undurchlässig zu gestalten.

Trick 12: Abgedreht
Kaum zu halten

Kategorie: **Torschuss**

Geeignet für: **Anfänger mit etwas Übung****

Diesen Torschuss-Trick kannst du im Passspiel verwenden: Wenn dir der Ball zugespielt wird und du durch die Direktannahme zur Torschuss kommen möchtest, machst du es mit diesem Trick dem Torwart noch schwerer. Denn durch den Schuss mit dem Außenspann bekommt der Ball einen Drall, man spricht auch von Effet. Das macht es dem Torhüter schwer, den Ball zu kontrollieren. Allerdings ist die Treffgenauigkeit bei diesem Torschuss-Trick auch gering.

- Du kannst den Trick im Dribbeln nutzen, oder wenn dir der Ball zugepasst wird.
- Schieße den Ball mit dem Außenspann auf das Tor.

Fußball-Idol:
Marco van Basten

Geburtstag: 31. Oktober 1964

Größe: 1,88m

Geburtsort: Utrecht, Niederlande

Spitzname: San Marco (Heiliger Marco)

Positionen: Stürmer, Mittelstürmer

Besonderheiten: beidfüßiger Spieler, starker Kopfballspieler

Vereine, für die er gespielt hat: AC Mailand, Ajax Amsterdam

Größte Erfolge: Europameister, 3 x Weltfußballer des Jahres, bester Torjäger des Jahres

Sein Trick: „Tänzerferse“ (nachgeahmter Fallrückzieher)

Trick 13:
Über Kopf & weiter

Kategorie:
Körpertäuschung

Geeignet für:
Fortgeschrittene***

Mit diesem Ball kannst du den Gegenspieler verwirren, aus dem Konzept bringen und ihn abhängen. Du kannst dich freispielen, wenn dir der Gegenspieler im Weg ist oder in die Quere kommt. Der Trick lässt es so aussehen, als ob du den Ball nach hinten spielst oder ihn sogar verloren hast. Dein Gegenspieler mag denken, dass du dich verspielt hast - in Wirklichkeit aber hast du die perfekte Ballkontrolle.

- Du dribbelst den Ball in eine Richtung.
- Beim nächsten Schritt führst du den Fuß (und das Bein) außen seitlich am Ball vorbei, statt den Ball zu schießen.
- Nun landest du vor dem Ball.
- Mit der Hacke des anderen Fußes spielst du den Ball nun hinter dir nach oben.
- Wichtig ist, dass du dich jetzt schnell umdrehst, damit du siehst, wohin der Ball fliegt.
- Jetzt rennst du zum Ball und kannst diesen weiter dribbeln.

Fußball-Fakten

Wann erfolgt ein Einwurf?

Einen Einwurf gibt der Schiedsrichter dann, wenn eine Mannschaft den Ball über die Seitenlinie aus dem Spielfeld hinausspielt. Dabei macht es keinen Unterschied, ob der Ball fliegt oder rollt. In diesem Fall bekommt die gegnerische Mannschaft einen Einwurf zugesprochen. Für die Ausführung eines Einwurfs gibt es klare Regeln. Die wichtigste lautet: Der Spieler muss mit beiden Füßen auf dem Boden stehen und den Ball mit beiden Händen über dem Kopf abwerfen.

Trick 14: Angetäuschte Cruyff-Drehung
McGeady Spin

Kategorie:
Körpertäuschung

Geeignet für:
Fortgeschrittene***

Dieser Trick ist perfekt geeignet für Außenbahnspieler. Als Außenbahnspieler bist du ein wahrer Vielseitigkeitsspieler, denn du übernimmst Aufgaben in der Offensive, aber auch in der Defensive. Mit diesem Trick kannst du dem Gegenspieler vortäuschen, dass du eine Cruyff-Drehung vollziehen möchtest. In Wirklichkeit lenkst du den Ball zur Seite, um diesen am Gegenspieler vorbeizuspielen.

- Du dribbelst auf den Gegenspieler zu.
- Du täuschst eine Cruyff-Drehung an, indem du den Ball hinter deinem Standbein stoppst.
- Aber jetzt kommt die Abweichung von der Cruyff-Drehung: Während der Drehung spielst du den Ball mit der Außenseite des Fußes am Gegenspieler vorbei.
- Nun kannst du einfach weiterdribbeln oder den Ball zu einem anderen Spieler aus deinem Team passen.

Fußball-Idol: Karl-Heinz Rummenigge

Geburtstag: 25. September 1955

Größe: 1,82m

Geburtsort: Lippstadt, Deutschland

Spitzname: King Kalle

Positionen: Sturm, Mittelstürmer

Besonderheiten: wurde anfangs als „Rotbäckchen“ verspottet, weil er als zu schüchtern galt

Vereine, für die er gespielt hat: FC Bayern München, Inter Mailand, Servette Genf

Größte Erfolge: 2 x Weltfußballer des Jahres, Europameister, 3 x Torjägerkanone, 2 x DFB-Pokal

Sein Trick: herausragende Führungsfähigkeiten

Trick 15: Doppeltes Sohlenspiel hinter dem Bein

Kategorie:
Körpertäuschung

Geeignet für:
Fortgeschrittene***

Diesen Trick kannst du anwenden, wenn du dich auf engem Raum freispielen musst. Das kann beispielsweise in der Nähe der Fahne sein, wenn deine Gegenspieler dir dort kaum Bewegungsspielraum lassen. Der Trick verlangt dir einiges an Koordination und Ballgefühl ab. Deshalb gilt: Üben, üben, üben. Setze diesen Trick erst ein, wenn du ihn sicher beherrschst.

- Du ziehst vor dem Gegenspieler den Ball mit der Sohle zurück.
- Hinter deinem Standbein spielst du den Ball entlang.
- Mit der Sohle des anderen Fußes ziehst du den Ball dann wieder in die andere Richtung zurück.
- Jetzt kannst du den Ball mit dem Fuß, mit dem du den Trick begonnen hast, weiterspielen. So kannst du den Ball mit der Innenseite des Fußes am Gegner vorbeispielen.

Fußball-Fakten

Was ist ein Hattrick im Fußball?

Der Begriff Hattrick kommt aus dem Englischen. Ursprünglich stammt der Begriff aus dem Cricket, wurde aber bald für andere Sportarten übernommen. Der Begriff bedeutet im Fußball, dass ein Spieler in einem Spiel drei Tore erzielt. Zu den Spielern, denen besonders häufig ein Hattrick gelang, gehören:

- **Cristiano Ronaldo**
- **Lionel Messi**
- **Robert Lewandowski**

Trick 16: Kombitrick
Übersteiger und Pendel

Kategorie:
Körpertäuschung

Geeignet für:
Fortgeschrittene***

Du kannst diesen Trick auf der Außenbahn in Eins-gegen-Eins-Situationen anwenden. Durch die Kombination von zwei Tricks verwirrst du deinen Gegenspieler und kannst dich so freispie-len. Die beiden Tricks, Übersteiger und Pendel, müssen in einer fließenden Bewegung eine Einheit bilden. Daher ist auch hier einige Übung notwendig, ehe du den Trick zum ersten Mal in einem Spiel anwenden solltest.

- Du dribbelst mit dem Ball und führst dann einen Übersteiger aus: Dafür führst du den einen Fuß, statt den Ball zu schießen, mit der Außenkannte am Ball vorbei, umrundest diesen von vorne und schiebst den Ball dann mit der Innenseite des linken Fußes nach rechts.
- Du spielst den Ball also nun zunächst nach rechts.
- Dann nimmst du den Ball sofort wieder mit dem rechten Fuß und spielst ihn nach links am Gegenspieler vorbei.

Fußball-Idol: Robert Lewandowski

Geburtstag: 21. August 1988

Größe: 1,87m

Geburtsort: Warschau, Polen

Spitzname: The Body, Lewa

Positionen: Sturm

Besonderheiten: beidfüßig, stark mit dem Rücken zum Tor

Vereine, für die er gespielt hat: FC Barcelona, FC Bayern München, Borussia Dortmund, Lech Posen, Znicz Pruszków, Legia Warschau II, Delta Warschau

Größte Erfolge: 2 x Weltfußballer, 7 x Torjägerkanone, Europas Fußballer des Jahres, 4 x DFB-Pokal

Sein Trick: Killerinstinkt beim Sturm aufs Tor; Hattrick

Trick 17: Angetäuscht durch die Mitte

Kategorie: **Tunneltrick**

Geeignet für: **Anfänger***

Diesen Trick kannst du anwenden, wenn dein Gegenspieler direkt auf dich zugelaufen kommt, um dir den Ball abzunehmen. Du machst einen Ausfallschritt zur Seite, um anzutäuschen, dass du an ihm mit dem Ball seitlich vorbeiziehen möchtest. Den Plan ist aber ein anderer: Wenn der Gegenspieler sein Bein ausstreckt, um deinen Schuss abzupassen, schießt du durch seine Beine hindurch.

- Du bist im Ballbesitz, und dein Gegenspieler läuft auf dich zu.
- Du verlagerst das Gewicht deines Standbeines zur Seite, so dass dein Gegenspieler denkt, dass du seitlich an ihm vorbei schießen möchtest.
- Dann verlagerst du das Gewicht blitzschnell wieder zurück, sobald dein Gegenspieler sein Bein ausstreckt, um dir den Ball abzunehmen.
- Die Beine des Gegenspielers sind nun weit geöffnet, und das nutzt du, um den Ball zwischen seinen Beinen hindurchzuschießen.

Fußball-Fakten

Was genau ist ein Libero im Fußball?

Der Begriff „Libero“ kommt aus dem Italienischen und bedeutet „frei“ oder „der Freie“. Und genau darum geht es bei der Spielerposition des Libero im Fußball: Der Libero ist ein freier Spieler, er hat also keinen direkten Gegenspieler in der Manndeckung. Im modernen Fußball gibt es den Libero in dieser klar definierten Funktion nicht mehr. Zu den klassischen Liberos im Fußball zählen Lothar Matthäus und Franz Beckenbauer. Heute übernehmen Spieler nur noch in bestimmten Situationen die Aufgaben eines Liberos. Libero ist also heute eher eine strategische Spielvariante und keine Spieler-Position mehr.

Trick 18: Innen und durch die Mitte

Kategorie: **Tunneltrick**

Geeignet für: **Fortgeschrittene*****

Dieser Trick eignet sich, wenn du an der Seitenlinie entlangdribbelst und ein Gegenspieler neben dir herläuft. Mit diesem Trick kommst du an dem Gegenspieler vorbei. Und so funktioniert der Trick:

- Du dribbelst mit dem Ball die Seitenlinie entlang. Dein Gegenspieler läuft neben dir her und versperrt dir den Weg ins Feld.
- Du spielst den Ball nun mit der Innenseite des Fußes weiter in die bisherige Richtung entlang der Seitenlinie. So geht dein Gegenspieler davon aus, dass du weiter in die gleiche Richtung spielst. Dein Gegenspieler macht daher auch den nächsten Schritt und öffnet dabei seine Beine.
- In der gleichen Bewegung spielst du jetzt den Ball mit der Fußaußenseite durch die nun geöffneten Beine des Gegenspielers.

Fußball-Idol: Lothar Herbert Matthäus

Geburtstag: 21. März 1961

Größe: 1,74m

Geburtsort: Erlangen, Deutschland

Spitzname: „der Loddar", „il grande" (in Italien)

Positionen: Mittelfeldspieler / Libero

Besonderheiten: extreme Schnelligkeit, durch Anlauf aus der Tiefe

Vereine, für die er gespielt hat: 1. FC Herzogenaurach, Borussia Mönchengladbach, FC Bayern München, MetroStars

Größte Erfolge: Weltfußballer des Jahres, Weltmeister, Europameister

Sein Trick: ausgeprägte Dribbelfähigkeiten mit extremer Unberechenbarkeit

Trick 19:
Der Reverse-Tunnel

Kategorie: **Tunneltrick**

Geeignet für:
Fortgeschrittene***

Dein Gegenspieler ist dir auf den Fersen. Das bedeutet: Der Gegenspieler ist hinter dir. Wenn du nach hinten spielen möchtest oder dich aus einem anderen Grund von deinem Gegenspieler freispielen willst, kannst du den Reverse-Tunnel-Trick nutzen. Reverse-Tunnel heißt der Trick deshalb, weil du den Ball rückwärts durch die Beine des Gegenspielers schießt.

- Du dribbelst den Ball und wirst dabei von deinem Gegenspieler verfolgt, dieser ist also in deinem Rücken.
- Du bremst nun plötzlich ab, so dass dein Gegenspieler auch abbremst. Beim Abbremsen stellst du die Sohle deines Fußes auf den Ball.
- Die meisten Spieler stellen sich beim Abbremsen breitbeinig hin, um sich auszubalancieren und schnell auf Richtungsänderungen reagieren zu können.
- Du vollziehst nun eine Drehung, so dass du seitlich zu dem Gegenspieler stehst, und schiebst den Ball mit der Sohle durch die geöffneten Beine des Gegenspielers.
- Entweder du hast den Ball dadurch einem Mitspieler zugepasst, oder du läufst an dem Gegenspieler seitlich vorbei, um den Ball wieder aufzunehmen.

Fußball-Fakten

Wann wird beim Fußball eine „Ecke" gegeben?

Ein Eckball, wie die Ecke korrekt heißt, wird vom Schiedsrichter in folgendem Fall entschieden: Ein Spieler aus der Mannschaft, deren Tor auf der Seite der Ecke liegt (verteidigende Mannschaft), spielt den Ball über die Torlinie (Torauslinie). Die angreifende Mannschaft bekommt dann einen Eckball zugesprochen. Hierfür wird der Ball auf den Punkt gelegt, an dem Seitenlinie und Torlinie einen rechten Winkel bilden. Ein Spieler der angreifenden Mannschaft darf von hier aus nun den Ball ins Spielfeld spielen.

Trick 20:
Angetäuschte Flanke

Kategorie: **Tunneltrick**

Geeignet für:
Geübte Anfänger**

Diesen Trick kannst du wie folgt einsetzen:

- Du dribbelst entlang der Seitenlinie, und neben dir läuft ein Gegenspieler her.
- Du täuschst eine Flanke an, so dass dein Gegenspieler versuchen wird, den Ball abzufangen. Hierzu streckt er sein eines Bein nach vorne und hat nun weit geöffnete Beine.
- In diesem Augenblick schießt du den Ball durch die Beine des Gegenspielers hindurch.
- Dein Gegenspieler ist überrascht, braucht einen Augenblick, ehe er abstoppt und läuft zunächst weiter. Du nutzt das Überraschungsmoment, um hinter deinem Gegenspieler dem Ball hinterherzulaufen.

Fußball-Idol: Franz Beckenbauer

Geburtstag: 11. September 1945

Größe: 1,81m

Geburtsort: München, Deutschland

Spitzname: Lichtgestalt, Kaiser

Positionen: Libero (Verteidiger ohne direkten Gegenspieler)

Besonderheiten: wurde sowohl als Spieler als auch als Trainer Weltmeister

Vereine, für die er gespielt hat: FC Bayern München, New York Cosmos, Hamburger SV

Größte Erfolge: 2 x Weltfußballer des Jahres, Weltmeister, Europameister

Sein Trick: extremes Ballgefühl mit exzellenter Treffgenauigkeit

Trick 21: Richtungswechsel

Kategorie: **Tunneltrick**

Geeignet für: **Fortgeschrittene*****

Diesen Trick kannst du anwenden, wenn du den Gegenspieler im Rücken hast. Der Trick funktioniert auch, wenn du dich mit dem Ball nicht nach vorne wegbewegen kannst. Du täuschst dann an, zur Seite laufen zu wollen. Stattdessen schießt du den Ball jedoch nach hinten zwischen den Beinen deines Gegenspielers hindurch. Nun musst du schnell in Richtung Ball rennen, um diesen wieder aufnehmen zu können. Du kannst diesen Tunnel-Trick auch nutzen, um den Ball nach hinten zu einem Mitspieler zu passen.

- Dein Gegenspieler steht direkt hinter dir. Du ziehst den Ball mit der Sohle zurück und erweckst den Eindruck, dass du den Ball zur Seite spielen möchtest. Hierfür stellst du dich auch ein wenig seitlich zu dem Gegenspieler.
- Dein Gegenspieler macht deine Bewegung mit, um dich weiterhin optimal decken zu können. Hierbei macht er einen Schritt zur Seite. In diesem Augenblick spielst du den Ball mit der Innenseite des Fußes nach hinten, was nur gelingt, wenn du dich seitlich etwas eingedreht hast.
- Der Ball rollt durch die geöffneten Beine deines Gegenspielers. Den Moment der Überraschung nutzt du nun, um dich von deinem Gegenspieler zu lösen und den Ball wieder aufzunehmen.

Fußball-Fakten

Welche Strafen gibt es beim Fußball?

Spieler, die gegen Regeln verstoßen, werden im Fußball mit Strafen belegt. Welche Strafe der Schiedsrichter verhängt, ist von der Art des Regelverstoßes des Spielers abhängig. Grundsätzlich wird zwischen persönlichen Strafen und Spielstrafen unterschieden. Die folgenden Strafen kann ein Schiedsrichter aussprechen:

- **Freistoß:** Hierbei handelt es sich um eine Spielstrafe. Nach einem Foul, das vom Schiedsrichter gepfiffen wurde, wird das Spiel unterbrochen. Ein Spieler aus der gefoulten Mannschaft bekommt den

Ball und schießt ihn von der Stelle ab, an der gefoult wurde. Die andere Mannschaft muss einen Mindestabstand einhalten.

- **Elfmeter:** Auch hierbei handelt es sich um eine Spielstrafe. Diese Strafe wird beispielsweise dann vom Schiedsrichter verhängt, wenn ein Spieler im Strafraum vor dem gegnerischen Tor gefoult oder angespuckt wird. Die gefoulte Mannschaft darf dann vom Elfmeterpunkt aus auf das Tor schießen, die andere Mannschaft muss einen Mindestabstand einhalten.

- Die **gelbe und die rote Karte** sind persönliche Strafen, mit denen ein einzelner Spieler für sein Fehlverhalten bestraft wird. Die gelbe Karte gilt als Verwarnung; zeigt der Schiedsrichter die rote Karte, muss der Spieler den Platz verlassen.

Trick 22: Tunnel im vollen Lauf

Kategorie: **Tunneltrick**

Geeignet für: **Fortgeschrittene*****

Diesen Trick kannst du zum Einsatz bringen, wenn du entlang der Seitenlinie dribbelst und mit hoher Geschwindigkeit von einem Gegenspieler gejagt wirst. Aufgrund der hohen Geschwindigkeit sind die Beine beim Laufen immer wieder weit geöffnet. Du benötigst ein sehr gutes Timing, um im richtigen Augenblick den Ball durch die Beine deines Gegenspielers hindurch zu tunneln.

- Du dribbelst in hohem Tempo an der Seitenlinie entlang und wirst von einem Gegenspieler verfolgt.
- Beim Rennen öffnet der Gegenspieler immer wieder die Beine weit. Im richtigen Moment spielst du den Ball mit der Außenseite des Fußes durch die geöffneten Beine des Gegenspielers.
- Durch den Schuss passt du den Ball entweder einem Mitspieler zu oder du rennst hinter dem Gegenspieler her, um den Ball wieder aufzunehmen.

Fußball-Fakten

Was versteht man unter der „Hand Gottes“?

Der Begriff „Hand Gottes“ wird durch eine Situation im Viertelfinale der Fußball-Weltmeisterschaft 1986 geprägt: England spielt gegen Argentinien. Der argentinische Nationalspieler Diego Maradona erzielt dank der Hilfe der „Hand Gottes“ das 1:0. Er springt hoch und tut so, als ob der den Ball mit einem Kopfball ins Tor befördert. Aber die Fernsehbilder beweisen: Es war seine Hand. Schon direkt nach dem Spiel sagt Maradona: „Es war ein bisschen Maradonas Kopf und ein bisschen die Hand Gottes.“ Doch das Tor gilt, denn der Schiedsrichter wertete den Treffer als Tor.

Trick 23: Ball-Pirouette

Kategorie:
Tunnel-Trick

Geeignet für:
Fortgeschrittene***

Wenn du deinen Gegenspieler im Rücken hast, kann das eine unangenehme Situation sein. Mit diesem Tunnel-Trick kannst du dich freispielen:

- Dein Gegenspieler läuft direkt hinter dir. Du bremst ab, statt den Ball weiter nach vorne zu spielen. Wichtig: Dein Fuß bleibt am Ball.
- Du beginnst dich in Richtung deines Gegenspielers zu drehen. Du drehst dich ausschließlich auf dem einen Bein, denn der andere Fuß bleibt die ganze Zeit am Ball.
- Dein Gegenspieler wird mit geöffneten Beinen hinter dir stehen, da er abbremsen musste und vielleicht zusätzlich einen Ausfallschritt zur Seite macht. Nun schießt du den Ball durch die geöffneten Beine des Gegenspielers hindurch.

Fußball-Idol: Manuel Neuer

Geburtstag: 27. März 1986

Größe: 1,93m

Geburtsort: Gelsenkirchen, Deutschland

Spitzname: Neuer The Wall (Neuer die Wand)

Positionen: Torwart

Besonderheiten: Anders als andere Torhüter geht er auch weit aus dem Tor heraus und ist dort Teil der Mannschaft.

Vereine, für die er gespielt hat: FC Schalke 04, FC Bayern München

Größte Erfolge: FIFA-Welttorhüter des Jahres, Fußball-Weltmeister, Deutscher Fußballer des Jahres, UEFA Champions League Sieg

Sein Trick: weite, präzise Abwürfe

Trick 24: Tunneln, wenn es eng wird

Kategorie:
Tunnel-Trick

Geeignet für:
Fortgeschrittene***

Diesen Trick kannst du anwenden, wenn dein Gegenspieler dir auf den Fersen ist und die Situation wirklich eng wird. Das bedeutet: Der Gegenspieler attackiert deinen ballführenden Fuß, um dir den Ball abzunehmen.

- Du dribbelst den Ball und wirst von deinem Gegenspieler verfolgt. Dieser ist dir so nah auf den Fersen, dass er deinen ballführenden Fuß attackieren kann.
- Statt zu versuchen, den Ball weiter nach vorne zu spielen, ziehst du ihn mit der Sohle nach hinten.
- Da dein Gegenspieler in den meisten Fällen in einer solchen Situation breitbeinig stehen wird, kannst du den Ball geradewegs zwischen seinen Beinen hindurch tunneln. Dann drehst du dich blitzschnell um und läufst am Gegenspieler vorbei dem Ball nach.

Fußball-Fakten

Welche Positionen gibt es im Fußball?

Grundsätzlich kann man die Spieler einer Fußballmannschaft in vier Kategorien einteilen:

- **Torwart:** Seine Aufgabe ist es, zu verhindern, dass die gegnerische Mannschaft ein Tor schießt.
- **Verteidiger:** Die Verteidiger versuchen, den Schuss aufs Tor zu verhindern und unterstützen damit den Torwart. Es gibt sowohl Außenverteidiger als auch Innenverteidiger.
- **Mittelfeld:** Es gibt zwei Arten von Mittelfeldspielern. Die zentralen Mittelfeldspieler helfen bei der Verteidigung. Die Außenfeld-Mittelspieler helfen ebenfalls bei der Verteidigung und sind zusätzlich im Angriff mit dabei.
- **Stürmer:** Stürmer sind die Spieler, die versuchen, die Tore zu schießen. Spieler auf dieser Position sind oft etwas kleiner, aber dafür sehr schnell, beweglich und können gefährliche Pässe spielen.

Trick 25: Psycho-Trick

Kategorie:
Tricks für Verteidiger

Geeignet für:
Anfänger*

Diesen Trick kannst du nutzen, wenn dein Gegenspieler im Ballbesitz ist und du versuchst, an den Ball zu kommen. Ist dein Gegenspieler technisch sehr gut, kannst du diesen psychologischen Schachzug anwenden. Bleib dran, nerve deinen Gegenspieler (immer im Rahmen des Erlaubten), so dass er abgelenkt und unaufmerksam wird oder seinen Angriff aufgibt.

- Dein Gegenspieler ist im Ballbesitz und unternimmt einen Angriff in Richtung Tor.
- Es gelingt dir nicht, ihm den Ball abzunehmen. Da kommt der Psycho-Trick ins Spiel.
- Bleib dicht an deinem Gegenspieler. Immer. Und berühre ihn – aber natürlich immer im Rahmen des Erlaubten. Lass ihm keinen Bewegungsspielraum.
- Meist wird der Spieler dann unaufmerksam und verschießt den Ball oder gibt seinen Angriff auf.

Fußball-Fakten

Welche Aufgaben haben der Schiedsrichter und der Linienrichter?

Den Schiedsrichter im Fußball gibt es in allen Ligen: In den oberen Ligen ist Schiedsrichter ein Beruf, in den unteren ein Ehrenamt, also ein Hobby. Der Schiedsrichter muss neutral sein und das Spiel beobachten. Er ist dafür verantwortlich, dass alle Regeln eingehalten werden.

Die Linienrichter unterstützen den Schiedsrichter. Denn der Schiedsrichter kann wahrend des Spiels nur schwer das ganze Spielfeld komplett im Blick haben. Der Linienrichter wird auch als Schiedsrichterassistent bezeichnet.

Trick 26: Locker aus den Knien

Kategorie:
Tricks für Verteidiger

Geeignet für:
Anfänger*

Dieser Trick funktioniert in langsamen Eins-gegen-Eins-Situationen, also nicht im schnellen Lauf. Wenn du versuchst, deinem Gegenspieler den Ball abzunehmen, wird dieser versuchen, dich durch Tricks zu täuschen: Er wird Richtungswechsel und mehr unternehmen, um dich abzuhängen. Um auf solche Tricks besonders flexibel reagieren zu können, musst du beweglich sein.

- Du deckst deinen Gegenspieler, der im Ballbesitz ist. Dein Gegenspieler versucht, an dir vorbei zu kommen.
- Um flexibel auf all die möglichen Richtungswechsel deines Gegenspielers reagieren zu können, gehst du leicht in die Knie. Dann kannst du schnellstmöglich auf die Finten deines Gegenspielers reagieren.
- Wichtig: Zieh immer auch die Möglichkeit in Betracht, dass dein Gegenspieler dir zu entkommen versucht, indem er dich tunnelt!

Fußball-Idol: Zinédine Yazid Zidane

Geburtstag: 23. Juni 1972

Größe: 1,85m

Geburtsort: Marseille, Frankreich

Spitzname: Tänzer am Ball, Zizou (weiße Katze)

Positionen: Offensives Mittelfeld

Besonderheiten: herausragender Techniker, hohe Spielintelligenz

Vereine, für die er gespielt hat: AS Cannes, Girondins Bordeaux, Juventus Turin, Real Madrid

Größte Erfolge: Europas Fußballer des Jahres, 3 x FIFA-Weltfußballer, 1 x Weltmeister, 1 x Europameister

Sein Trick: Zidane-Drehung

Trick 27: Körpertäuschungen erkennen

Kategorie:
Tricks für Verteidiger

Geeignet für:
Fortgeschrittene***

Je besser dein Gegenspieler ist, desto mehr Tricks, gerade auch im Bereich der Körpertäuschung, wird dieser beherrschen. Um dann als Verteidiger erfolgreich zu sein, musst du erkennen können, wann eine Bewegung eine Körpertäuschung ist. Damit dir das gelingt, musst du einerseits selbst grundlegende Fähigkeiten in der Körpertäuschung besitzen und andererseits vorhersehen können, was dein Gegenspieler plant. So funktioniert es:

- Überlege dir, welche Tricks du an der Stelle deines Gegenspielers (also wenn du im Ballbesitz wärest) einsetzen würdest. Sei auf diese Tricks gefasst und verhalte dich so, dass du darauf reagieren kannst, beziehungsweise mach deinem Gegenspieler das Ausführen dieser Tricks so schwer wie möglich.
- Beobachte dabei nicht nur deinen Gegenspieler, sondern halte auch immer den Ball im Auge. Denn so lässt du dich von Körpertäuschungen nicht so leicht an der Nase herumführen. Du willst den Ball haben? Dann behalte ihn im Auge!

Fußball-Fakten

Welche „Ligen“ gibt es beim Fußball?

Im Fußball gibt es unterschiedliche Ligen: Die 1. Liga heißt „1. Bundesliga“, das ist die Liga, in der die besten Mannschaften spielen. Darunter gibt es aber noch sechs weitere Ligen, insgesamt also sieben:

- **1. Bundesliga**
- **2. Bundesliga**
- **3. Liga**
- **Regionalliga**
- **Oberliga**
- **Verbands- oder Landesliga**
- **Auf der Ebene unter der Verbands- oder Landesliga wird es kompliziert. Denn je nach Bundesland unterscheiden sich die Ligen hier.**

Das Ligen-System gilt in dieser Form in Deutschland. In anderen Ländern gibt es anderen Einteilungen der unterschiedlichen Klassen, in denen Fußball gespielt wird.

Trick 28: Der Joker

Kategorie:
Tricks für Verteidiger

Geeignet für:
Fortgeschrittene***

Dieser Trick eignet sich, wenn du einen Zweikampf schnell gewinnen möchtest. Du kannst ihn nur dann erfolgreich anwenden, wenn du deinen Gegenspieler gut einschätzen kannst, sehr schnell und beweglich bist und ein selbstbewusstes Auftreten mitbringst. Der Trick besteht darin, den Gegner in Sicherheit zu wiegen: Du tust so, als ob du die Verteidigung aufgibst und nimmst dem Gegenspieler dann überraschend den Ball weg.

- Dein Gegenspieler ist im Ballbesitz. Du lässt ihm absichtlich mehr Raum, ohne ihn erkennen zu lassen, dass es sich um einen Trick handelt.
- Sobald dein Gegenspieler zu einem Dribbling ansetzt, reagierst du blitzschnell, gehst zum Angriff über und nimmst ihm den Ball ab.

Fußball-Idol: Hendrik Johannes (Johan) Cruyff

Geburtstag: 25. April 1947
(verstorben: 24. März 2016)
Größe: 1,78m

Geburtsort: Amsterdam, Niederlande

Spitzname: El Salvador (Der Erlöser)

Positionen: Mittelfeld, Sturm

Besonderheiten: Er war Kettenraucher, bis er nach einer Herz-OP das Rauchen aufgab und eine Anti-Raucher-Kampagne startete.

Vereine, für die er gespielt hat: Ajax Amsterdam, FC Barcelona, Los Angeles Aztecs, Washington Diplomats, DU Levante, Feyenoord Rotterdam

Größte Erfolge: Niederländischer Meister, Niederländischer Pokalmeister, Europapokal der Pokalsieger, dreimal Europas Fußballer des Jahres, Europas Fußballer des 20sten Jahrhunderts

Sein Trick: Cruyff-Drehung

Trick 29: Die Rampe

Kategorie: **Ballannahme**

Geeignet für: **Anfänger***

Dieser Trick bietet sich an, wenn du einen Pass zugespielt bekommst. Damit du den Ball sicher annehmen kannst, musst du den Trick sicher beherrschen. Und so funktioniert die Ballannahme mit der Rampe:

- Du bekommst einen Pass zugespielt.
- Setze nun die Außenseite deines Fußes in die Richtung, aus der der Pass kommt. Das bedeutet, dass dein Fuß leicht nach innen abgekippt aufgesetzt wird. So entsteht eine Art Rampe – daher der Name.
- Der Ball rollt die Rampe hinauf, und du kannst den Ball weiter hochhalten. So hast du Zeit, den nächsten Spielzug in Ruhe anzugehen.

Abwandlung: Du kannst auch die Hacke als Rampe nutzen: Hierfür setzt du den Fuß so auf, dass die Hacke in die Richtung zeigt, aus der der Ball kommt. Gehe mit dem Bein ganz leicht in die Knie, damit der Ball die Hacke richtig hochrollen kann. Sobald das passiert, hebst du den Fuß leicht vom Boden ab. Dann drehst du dich und nimmst den Ball mit dem Fuß hoch.

Fußball-Fakten

Was sind die wichtigsten Regeln im Fußball?

„Das Runde (also der Ball) muss ins Eckige (also das Tor)!“ – so lässt sich Fußball ganz einfach erklären. Auf dem Bolzplatz reicht das auch erst einmal, wenn es darum geht, beim „Kicken“ Spaß zu haben. Wer aber richtig Fußball spielen oder ein Fußballspiel der Profis anschauen und verstehen möchte, der muss noch ein paar weitere Regeln kennen. Hier findest du die wichtigsten:

- **Grundprinzip:** Es treten zwei Mannschaften gegeneinander an. Die Spieler jeder Mannschaft versuchen, möglichst oft das Tor der Gegenmannschaft zu treffen.

- **Anzahl der Spieler:** Jede Mannschaft hat 11 Spieler, Daher sagt man auch „Elf Freunde sollt ihr sein!“
- **Dauer eines Fußballspiels:** Jedes Fußballspiel hat zwei Halbzeiten von jeweils 45 Minuten. Das macht zusammen 90 Minuten. Dazwischen ist eine Pause. Allerdings dauern die meisten Spiele länger als zwei Mal 45 Minuten: wegen der Nachspielzeit und der Verlängerung
- **Nachspielzeit:** Gab es im Spiel Unterbrechungen, etwa weil ein Spieler verletzt wurde, dann wird die verlorene Zeit in der Nachspielzeit hinten drangehängt. Das passiert pro Halbzeit.

Spielen der 1. Bis 3. (Bundes)Liga und der Regionalliga, in denen es um Auf- oder Abstieg von der einen in die andere Liga geht, gilt:

- **Verlängerung:** Gibt es beim Rückspiel von Relegationsspielen nach dem Ende der normalen Spielzeit und der Nachspielzeiten einen Gleichstand, dann muss eine Verlängerung gespielt werden, um einen Sieger zu ermitteln. Die Verlängerung dauert zwei Mal 15 Minuten.

Steht nach der Verlängerung noch immer kein Sieger fest, wird das Spiel entschieden durch

- **Elfmeterschießen:** Hier schießen die Mannschaften abwechselnd im Abstand von elf Metern aufs gegnerische Tor. Jede Mannschaft hat fünf Versuche. Die Mannschaft, die mehr Tore erzielt, gewinnt das gesamte Spiel.

Auch in unentschiedenen Spielen um den DFB-Pokal werden Verlängerung und Elfmeterschießen eingesetzt.
In der UEFA gibt es in manchen Fußballverbänden abweichende Regelungen.

Trick 30: Ballannahme mit Körpertäuschung

Kategorie: **Ballannahme**

Geeignet für: **Fortgeschrittene*****

Dieser Trick ist perfekt, wenn dir ein Pass zugespielt wird und du den Gegenspieler über das täuschen möchtest, was du als nächstes mit dem Ball planst. Du nimmst den Ball hinter deinem Standbein hoch. Dadurch sieht es für deinen Gegenspieler zunächst so aus, als ob du den Ball verfehlst. Und so führst du den Trick aus:

- Der Ball rollt von vorne auf dich zu. Sobald der Ball in deiner Nähe ist, stellst du dich seitlich dazu. Dein Standbein ist vorne, das andere Bein ziehst du hinter dem Standbein in die Richtung, aus der der Ball kommt.
- Du hebst den Ball dann mit der Innenseite des Fußes (immer noch hinter dem Standbein) hoch.
- Nun drehst du dich wieder zurück und kannst den Ball mit dem Standbein annehmen, wen dieser wieder herunterkommt.
- Jetzt kannst du den Ball jonglieren, bis du ihn erneut passt oder ein Dribbling beginnst.

Fußball-Idol: Christiano Ronaldo

Geburtstag: 5. Februar 1985

Größe: 1,87m

Geburtsort: Funchal auf der Insel Madeira, die zu Portugal gehört

Spitzname: CR7, weil er das Trikot mit der Nummer 7 trägt

Positionen: Flügel, Sturm

Besonderheiten: er ist beidfüßig

Vereine, für die er gespielt hat: Manchester United, Real Madrid, Juventus Turin, al-Nassr FC

Größte Erfolge: einer der besten Torschützen, Europameister mit seiner Nationalmannschaft, Europas Fußballer des Jahres, Weltfußballer des Jahres, viermal „Goldener Schuh"

Sein Trick: doppelter Übersteiger

Quiz

In welchem Land wurde der moderne Fußball erfunden?

a) China

b) Griechenland

c) England

Was ist der Spitzname von Christiano Ronaldo?

a) Chris

b) CR7

c) Ronaldi

Wie lange dauert eine Verlängerung im modernen Fußball?

a) 15 Minuten

b) 2 x 15 Minuten

c) 45 Minuten

Welchen Spitznamen hatte der niederländische Fußballer Johan Cruyff?

a) Der Diplomat

b) Der Kettenraucher

c) Der Erlöser

Wie viele Ligen gibt es im deutschen Fußball?

a) 2

b) 3

c) 7

Was ist der Spitzname von Zinédine Zidane?

a) Tänzer am Ball

b) Zauberer des Fußballs

c) Zar des Fußballs

In welcher Stadt wurde Manuel Neuer geboren?

a) Bochum

b) Mönchengladbach

c) Gelsenkirchen

Welchem Fußballer wird der Begriff „Hand Gottes“ zugeordnet, der sich auf einen eigentlich ungültigen Tortreffer bezieht?

a) Ronaldo

b) Maradona

c) Beckenbauer

Zu welchem Fußballstar gehört der Spitzname Pelé?

a) Karl-Heinz Rummenigge

b) Marco von Basten

c) Edson Arantes do Nascimento

Wie wird ein Einwurf ausgeführt?

a) mit einer Hand

b) mit beiden Händen

c) das darf der Spieler selbst entscheiden

Erfolgsjournal

Übung:

Wie oft geübt?

Wie klappt es?

Übung:

Wie oft geübt?

Wie klappt es?

Übung:

Wie oft geübt?

Wie klappt es?

Übung:

Wie oft geübt?

Wie klappt es?

Übung:

Wie oft geübt?

Wie klappt es?

Übung:

Wie oft geübt?

Wie klappt es?

Übung:

Wie oft geübt?

Wie klappt es?

Übung:

Wie oft geübt?

Wie klappt es?

Übung:

Wie oft geübt?

Wie klappt es?

Übung:

Wie oft geübt?

Wie klappt es?

Übung:

Wie oft geübt?

Wie klappt es?

Übung:

Wie oft geübt?

Wie klappt es?

Übung:

Wie oft geübt?

Wie klappt es?

Übung:

Wie oft geübt?

Wie klappt es?

Übung:

Wie oft geübt?

Wie klappt es?

Übung:

Wie oft geübt?

Wie klappt es?

Übung:

Wie oft geübt?

Wie klappt es?

Übung:

Wie oft geübt?

Wie klappt es?

Übung:

Wie oft geübt?

Wie klappt es?

Übung:

Wie oft geübt?

Wie klappt es?

Übung:

Wie oft geübt?

Wie klappt es?

Übung:

Wie oft geübt?

Wie klappt es?

Übung:

Wie oft geübt?

Wie klappt es?

Übung:

Wie oft geübt?

Wie klappt es?

Wichtige Hinweise:

Die Inhalte des Buches wurden mit größter Sorgfalt und Gewissenhaftigkeit recherchiert und er-arbeitet. Wir gehen deshalb davon aus, dass alle Angaben und Informationen sowie die -Empfehlungen richtig sind. Dennoch geben wir keine Gewähr. Weder die Autorin noch der -Verlag werden Haftungen für Nachteile oder Schäden übernehmen, welche auf die Inhalte des Buches zurückzuführen sind.

Bei Fragen und Anregungen stehen wir Ihnen gerne zur Verfügung:

verlags.kontakt@gmail.com

Zenit Verlagskreis LLC
30 N Gould St Ste N, 82801 Sheridan, Wyoming, USA

Layout & Satz: Individual Graphics
www.individualgraphics.com

Printed by Amazon Italia Logistica S.r.l.
Torrazza Piemonte (TO), Italy

55176606R00050